David Ogez

Caderno de exercícios de
hipnose

Ilustrações de Jean Augagneur
Tradução de Maria Ferreira

Petrópolis

© Éditions Jouvence S.A., 2017
Chemin du Guillon 20
Case1233 — Bernex
http://www.editions-jouvence.com
info@editions-jouvence.com

Tradução realizada a partir do original em francês intitulado Petit cahier d'exercices d'hypnose

Direitos de publicação em língua portuguesa — Brasil: 2022, Editora Vozes Ltda.
Rua Frei Luís, 100
25689-900 Petrópolis, RJ
www.vozes.com.br
Brasil

Todos os direitos reservados. Nenhuma parte desta obra poderá ser reproduzida ou transmitida por qualquer forma e/ou quaisquer meios (eletrônico ou mecânico, incluindo fotocópia e gravação) ou arquivada em qualquer sistema ou banco de dados sem permissão escrita da editora.

CONSELHO EDITORIAL

Diretor
Gilberto Gonçalves Garcia

Editores
Aline dos Santos Carneiro
Edrian Josué Pasini
Marilac Loraine Oleniki
Welder Lancieri Marchini

Conselheiros
Francisco Morás
Ludovico Garmus
Teobaldo Heidemann
Volney J. Berkenbrock

Secretário executivo
Leonardo A.R.T. dos Santos

Projeto gráfico: Éditions Jouvence
Arte-finalização: Sheilandre Desenv. Gráfico
Revisão gráfica: Fernando Sergio Olivetti da Rocha
Capa/Ilustrações: Jean Augagneur
Arte-finalização: Editora Vozes

ISBN 978-65-5713-568-6 (Brasil)
ISBN 978-2-88911-806-9 (Suíça)

Este livro foi composto e impresso pela Editora Vozes Ltda.

Dados Internacionais de Catalogação na Publicação (CIP)
(Câmara Brasileira do Livro, SP, Brasil)

Ogez, David
  Caderno de exercícios de hipnose / David Ogez ; ilustração de Jean Augagneur ; tradução Maria Ferreira. — Petrópolis, RJ : Vozes, 2022. — (Coleção Praticando o Bem-estar)
  Título original: Petit cahier d'exercices d'hypnose
  ISBN 978-65-5713-568-6
  1. Autoajuda 2. Autoconhecimento 3. Hipnose 4. Hipnose - Uso terapêutico. I. Augagneur, Jean. II. Ferreira, Maria. III. Título IV. Série.

22-104317
CDD-154.7

Índices para catálogo sistemático:
1. Hipnose : Psicologia   154.7
Aline Graziele Benitez — Bibliotecária — CRB-1/3129

O que é a hipnose?

A *hipnose* é um fenômeno espontâneo que utilizamos sem realmente nos darmos conta. Quando estamos no carro, em um caminho que fazemos regularmente, às vezes pensamos em outra coisa, estamos em outro lugar sem que isso nos impeça de conduzir perfeitamente nosso carro.

A hipnose é, portanto, um **fenômeno natural** e pode tanto ser agradável como desagradável. Você costuma ter pensamentos negativos que se agitam em sua cabeça? Esses pensamentos não lhe trazem nada de bom? Impedem que você viva normalmente? Esses pensamentos ou ruminações surgem sem avisar e atravancam o espírito deixando assim pouco espaço aos pensamentos agradáveis.

É difícil se livrar dos pensamentos negativos, uma vez que eles sempre retornam, às vezes de maneira mais invasiva. Eles são, portanto, fonte de nervosismo e mesmo de ansiedade.

A hipnose terapêutica é um meio de conseguir calar esses pensamentos negativos permitindo que seu espírito se desfocalize. Ela constitui um conjunto de técnicas que pode ser ensinadas. Aliás, todos os dias várias escolas pelo mundo formam especialistas médicos e psicólogos na prática da hipnose terapêutica.

Este livro não tem a pretensão de ser um manual de formação em hipnoterapia. O **Caderno de exercícios de hipnose** tem como objetivo levá-lo(a) a compreender melhor o que é a hipnose e ensinar-lhe várias técnicas de auto-hipnose que permitirão que **você mesmo(a)** resolva certas dificuldades.

> ## *Passo a passo, você será conduzido(a) a experimentar suas capacidades hipnóticas, pois todos as possuem*

Quando tiver compreendido perfeitamente como chegar a essas aptidões você será capaz de se abrir a uma série de possibilidades, e assim compreender melhor seus pensamentos e as reações negativas automáticas. Será capaz de praticar a auto-hipnose!

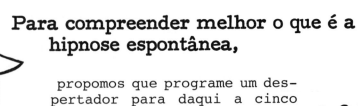

Para compreender melhor o que é a hipnose espontânea,

propomos que programe um despertador para daqui a cinco minutos e feche os olhos. Durante esses cinco minutos, não faça nada! O que você observa?

➡ é efetivamente impossível não fazer nada. Quando você para por alguns minutos, os pensamentos surgem automaticamente. Talvez tenha pensado no que fez ontem ou no que vai fazer neste fim de semana? Você estava em hipnose espontânea.

Um pouco de história

A hipnose é utilizada há muitos anos nos cuidados médicos e psicológicos. Se no início **Frantz Anton Mesmer**, médico alemão do século XVIII, falava de "magnetismo animal", a hipnose foi desenvolvida pelo escocês James Braid em meados do século XIX e era definida como um sono nervoso que podia ser induzido e utilizado para obter a anestesia durante uma cirurgia.

No final do século XIX, sob a influência de **Jean-Martin Charcot**, o conhecido neurologista francês que conduzia estudos sobre a histeria, **Sigmund Freud**, pai fundador da psicanálise, interessou-se pela hipnose que esteve na base de suas concepções terapêuticas.

Sigmund Freud

À época, a hipnose tinha como objetivo principal permitir que as lembranças do paciente emergissem. Este último, então em um estado alterado de consciência, podia contar sua história e, principalmente, o que ele havia recalcado, isto é, as lembranças traumáticas que havia esquecido, mas que continuavam agindo sobre seu estado de saúde mental e sobre seu comportamento. Depois de ter suprimido esse recalque sob hipnose, os sintomas dos pacientes tinham desaparecido!

Hoje, a hipnose mudou muito. Sob a influência de um psiquiatra americano, Milton Erickson, a hipnose tornou-se uma técnica terapêutica que age diretamente sobre os sintomas do paciente.

Muito criativo, Milton Erickson utilizava habilmente a arte da sugestão hipnótica para fazer desaparecer os sofrimentos dos pacientes e permitir-lhes uma vida melhor.

A hipnose de Erickson é permissiva: todos podem ser hipnotizados, pois ela respeita o paciente, ao contrário da hipnose autoritária que era praticada no final do século XIX e que hoje em dia é vista nas salas de espetáculo.

O que é a sugestão hipnótica?

Em 1884, Hippolyte Bernheim, um neurologista francês, definiu a sugestão hipnótica como sendo "um ato pelo qual uma ideia é introduzida no cérebro e aceita por ele".

Milton Erickson traz uma precisão a essa definição: "As sugestões podem utilizar os potenciais de cada paciente, mas não podem lhe impor algo de totalmente novo. Nesse caso, o paciente, ou melhor, seu inconsciente, permanece senhor da situação."

A hipnose de espetáculo

A maioria das pessoas conhece apenas a hipnose de espetáculo e a associa à magia, ao passo que não é de forma alguma o caso!

Trata-se simplesmente de uma prática da hipnose autoritária que só funciona para uma porcentagem bem pequena das pessoas, e que se assemelha muito mais a fenômenos de fascinação. O hipnotizador de espetáculo submete seu público a testes de sugestibilidade que lhe facilita a seleção das personalidades mais influenciáveis. Em seguida, ele utiliza as técnicas da hipnose "flash" para provocar instantaneamente um transe e diversas sugestões para induzir na cobaia um comportamento estranho que às vezes se assemelha às patologias que são cuidadas na hipnose terapêutica.

A hipnose que cura

Embora possa distrair, a hipnose pode essencialmente curar. É o que queremos destacar neste livro. A hipnose que cura, alivia e sobretudo mobiliza os recursos pessoais da pessoa.

Neste caso a hipnose não pode ser considerada como um poder do hipnotizador sobre o paciente, e sim como uma ferramenta que lhe permitirá ajudar seu paciente de forma eficaz, facilitando-lhe o acesso aos inúmeros recursos de que dispõe e de que não tem consciência.

Para avaliar sua sensibilidade à sugestão

coloque as mãos e os dedos como na ilustração, espaçados com mais ou menos 1cm. Fixe sua atenção entre os dois dedos. Imagine que **os dedos são como dois poderosos ímãs que se atraem cada vez mais.** Diga a si mesmo que, quando se tocarem, eles ficarão colados, soldados. Insista repetindo mentalmente esta frase várias vezes: **"Esses dedos se atraem como dois ímãs e vão se soldar, se colar."**

➜ Se os dedos se aproximaram e permaneceram colados é porque você é sensível à sugestão. Para você, a prática da hipnose será fácil de integrar. Por outro lado, ser menos receptivo significa simplesmente que você é menos sensível. Neste caso, será preciso um pouco mais de tempo para integrar as diferentes técnicas de auto-hipnose. Mas como comprou este livro, você certamente está motivado e, portanto, conseguirá. **A motivação é o motor de toda mudança, mesmo na hipnose.**

É científico!

Os estudos provam!

A hipnose é científica e hoje é amplamente utilizada nos hospitais, sobretudo em anestesia e em psicoterapia. Os estudos conduzidos no Quebec por Pierre Rainville e na Bélgica por Marie-Elisabeth Faymonville permitiram tornar a hipnose científica. Segundo esses autores, as modificações específicas do córtex cingulado anterior correspondem às mudanças de percepção da dor sob hipnose.

As pesquisas conduzidas por Marie-Elisabeth Faymonville também mostraram que a hipnose inibe as áreas cerebrais que estão implicadas na percepção do entorno, mesmo ativando aquelas que intervêm na consciência de si.

A ciência provou, portanto, que a hipnose não era feitiçaria, e sim que era regida por fenômenos neurofisiológicos, várias zonas do cérebro sendo ativadas durante esse estado alterado de consciência.

Cérebro esquerdo ou cérebro direito?

Para além destes aspectos científicos, compara-se com frequência cérebro esquerdo e cérebro direito. O cérebro esquerdo está associado à lógica, ao pensamento analítico. Ele rege o pensamento linear que é ensinado nas escolas. Ao contrário, o cérebro direito está baseado nas percepções, na intuição, na criatividade. O pensamento neste caso é não linear e muito rápido.

Interessante saber

Em hipnose, o cérebro direito é privilegiado em relação ao cérebro esquerdo. Aprender a hipnose é, portanto, privilegiar seu cérebro direito em relação ao esquerdo. Em vez de se aborrecer pelo raciocínio e pela lógica, que podem ser fonte de sofrimento e levar a comportamentos de ruminação ansiosa, é preferível mobilizar a intuição e a criatividade que certamente vão permitir à pessoa perceber o que a tornará feliz, o que lhe permitirá viver melhor o instante presente.

15

Você é cérebro esquerdo ou cérebro direito?

Propomos fazer o teste segundo o modelo de Roger Sperry. Selecione o adjetivo que melhor corresponde a você.

Sutil	A	B	Rigoroso
Avaliador	B	A	Sensível
Adaptável	A	B	Preciso
Perfeccionista	B	A	Global
Organizado	B	A	Empático
Criador	A	B	Conservador
Artista	A	B	Administrador
Consciencioso	B	A	Espontâneo
Provocador	A	B	Racional
Impulsivo	A	B	Coerente
Estratégico	B	A	Perseverante
Minucioso	B	A	Imaginativo
Reativo	A	B	Analítico

➡ Calcule para descobrir qual parte do cérebro é predominante. Se suas porcentagens são equilibradas é porque você mobiliza as duas partes do cérebro.
Porcentagem de cérebro direito:
➡ (Total de A/13) x 100 =
Porcentagem de cérebro esquerdo:
➡ (Total de B/13) x 100 =

Para **compreender melhor ainda essa distinção cérebro esquerdo - cérebro direito,** propomos este outro exercício. O que você vê nesta imagem?

➜ As pessoas que privilegiam o cérebro esquerdo veem apenas um rosto, o de uma mulher jovem, ou o de uma mulher velha. Em contrapartida, as pessoas que privilegiam o cérebro direito têm uma percepção mais alargada e conseguem ver os dois rostos nessa ilustração!

Se você é cérebro esquerdo, não pense que a hipnose não é para você. É praticando os exercícios de auto-hipnose que você conseguirá desenvolver sua criatividade e, portanto, seu cérebro direito. Aliás, os exercícios deste livro têm como objetivo permitir que você desenvolva essa aptidão!

As 5 etapas da hipnose

A indução hipnótica

A indução hipnótica é utilizada para facilitar a entrada em estado de hipnose. Aliás, *inducere* significa etimologicamente conduzir ao interior de si. O hipnotizador propõe à pessoa focalizar sua atenção em uma única percepção, que pode ser uma imagem, um som, uma percepção física (por exemplo, a respiração).

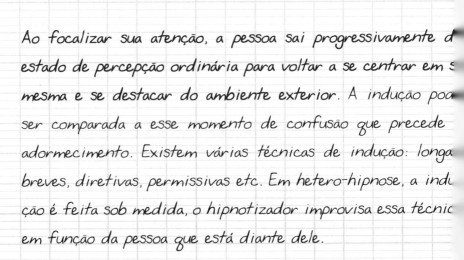

Ao focalizar sua atenção, a pessoa sai progressivamente d' estado de percepção ordinária para voltar a se centrar em s mesma e se destacar do ambiente exterior. A indução poa ser comparada a esse momento de confusão que precede adormecimento. Existem várias técnicas de indução: longa breves, diretivas, permissivas etc. Em hetero-hipnose, a indu ção é feita sob medida, o hipnotizador improvisa essa técnic em função da pessoa que está diante dele.

Agora é com você!

Olhe durante um minuto a seguinte imagem fixando atentamente sua atenção sobre o ponto central

19

**Fixando o ponto central, vários fenômenos podem ser observados: as bolas maiores desaparecem, o ponto central se desdobra etc.
Uma visão em túnel impede que você veja o que está ao redor do ponto.**

A focalização permite apagar de seu campo de visão o que est[á] incomodando. Por exemplo, uma pessoa ansiosa que focaliza su[a] atenção em um ponto vai mudar sua percepção que até entã[o] estava apenas centrada no objeto de sua ansiedade. Trata-s[e] de uma indução hipnótica.

O aprofundamento

Existem três níveis de hipnose: leve, médio e profundo. [A] hipnose profunda é essencialmente utilizada para induzir [o] sonambulismo. Em terapia, os outros níveis são privilegiado[s] pois é importante que o paciente entenda as sugestões *terapeuta, quer ele esteja em parte no consultório e em parte em sua hipnose!*

Primeira técnica de aprofundamento da hipnose

A fim de fazer a experiência do aprofundamento em hipnose, propomos o seguinte exercício.

Feche os olhos e imagine que você está em um edifício, no 10º andar. Olhe em torno, veja essas escadas a seus pés. Veja essa magnífica gaiola de escada envidraçada. Ao seu redor, você pode imaginar a esplêndida paisagem através das janelas dessa gaiola de escada e, sobretudo, a luz agradável que as atravessa e que vem aquecê-lo(a) agradavelmente.

Assim que visualizou perfeitamente essa cena, **imagine-se descendo essas escadas, andar por andar, lentamente, no seu ritmo.** Imagine a cada andar que você pode ver o número que corresponde ao patamar no qual se encontra: **10, 9, 8, 7, 6, 5, 4, 3, 2, 1, 0.**

Você chegou ao térreo. Nesse lugar certamente você vai se encontrar em um lugar muito agradável. Talvez agora possa sentir melhor a beleza e o calor do lugar que viu pelas janelas pouco antes. Talvez sinta uma certa sensação de bem-estar. **Aproveite esse lugar e não faça nada.**

Você sentiu cansaço semelhante ao que percebeu durante o adormecimento? Aprofundar a hipnose é como descer ao mais profundo de si mesmo(a) e deixar progressivamente o lugar no qual estávamos.

O trabalho terapêutico

O trabalho terapêutico consiste em efetuar a mudança que motivou o pedido de trabalho em hipnose. Antes de alcançar o que François Roustang, hipnoterapeuta francês que muito influenciou a hipnose atual, chama a percepção generalizada, isto é, a percepção que se tem do problema e de sua solução, era preciso antes abandonar a percepção restrita, aquela que está perturbando. Concretamente, o trabalho terapêutico consiste em propor ao paciente se visualizar resolvendo o problema.

Por exemplo, se um paciente sofre de uma fobia de avião, o terapeuta pode convidá-lo a se imaginar em pleno voo, viajando e até mesmo gostando dessa viagem de avião que o conduzirá a um lugar paradisíaco!

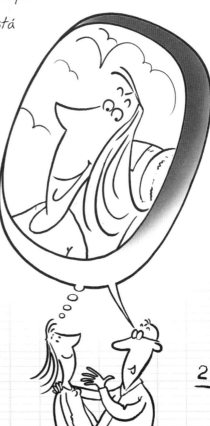

As sugestões pós-hipnóticas

As sugestões pós-hipnóticas são feitas ao indivíduo no decorrer de uma sessão de hipnose e tornam-se eficazes no estado de consciência alterado. Elas são submetidas ao inconsciente da pessoa hipnotizada e permitem programar uma reação para que seja ativada após a sessão. Dessa maneira, o trabalho terapêutico pode continuar fora da sessão, e assim modificar o comportamento incômodo por mais tempo. As sugestões pós-hipnóticas também podem ser desencadeadores ou interruptores. Elas permitem ao terapeuta, por exemplo, programar um sinal que induzirá no paciente um sentimento de segurança no momento em que ele se confrontar com uma situação estressante.

A saída da hipnose

Uma vez o objetivo alcançado, a pessoa hipnotizada pode então voltar à sala na qual se encontrava antes da sessão. O retorno deve ser feito lentamente. De manhã é mais agradável emergir lentamente de seu sono do que se sobressaltar bruscamente por causa do despertador que nos lembra assim que está na hora de trabalhar! Em hipnose, o despertar é o do fim de semana, quando podemos deixar o estado de vigília retornar lentamente.

Definição da hipnose de acordo com François Roustang

A percepção restrita: a percepção que temos de nosso ambiente é restrita em relação à realidade. Só conseguimos prestar atenção a um número limitado de elementos. Na maioria das vezes, nossa atenção vai para os elementos que nos incomodam, à revelia daqueles que são positivos.

A percepção generalizada: é a percepção que engloba a totalidade das lembranças e de nossos aprendizados. A percepção generalizada engloba o conjunto de nossos recursos e também nos leva a um novo aprendizado que permitirá enfrentar uma situação que incomoda.

Fascinação/Indução: A indução é como um interruptor que permite pausar a percepção restrita em favor da percepção generalizada.

O que é a auto-hipnose?

Embora as técnicas hipnóticas sejam ensinadas aos terapeutas, também é possível ensinar algumas delas aos pacientes para que possam cuidar de si mesmos.

A auto-hipnose é "uma técnica baseada no relaxamento, destinada a mergulhar a si mesmo em um estado hipnótico a fim de se conectar com seu inconsciente"[1].

Como defende o psiquiatra francês Jean Godin, a auto-hipnose não tem, no entanto, a mesma intensidade ou as mesmas possibilidades que a hetero-hipnose. Portanto, é usada principalmente para fortalecer a autonomia e a criatividade do paciente. O uso de materiais de áudio pode ajudar nos exercícios de auto-hipnose. Eles também são úteis para o ensino das técnicas hipnóticas e para desenvolver recursos pessoais do indivíduo.

Nota
[1] - O. Lockert, *Hypnose, Évolution, qualité de vie, santé* [Hipnose, evolução, qualidade de vida e saúde]. IFHE Editions, 2013.

Sugerimos que você mesm(a) experimente as diferentes etapas da hipnose a fim de adquirir as técnicas necessárias para um trabalho de auto-hipnose. Esse aprendizado requer prática e domínio. Portanto, iremos guiá-l(a) passo a passo nesses exercícios.

A indução na auto-hipnose

Primeiro, sugerimos que você experimente a indução na auto-hipnose. Existem muitas técnicas. Vamos propor algumas para que você possa testá-las.

A respiração abdominal
Decorrente dos métodos de relaxamento, a indução respiratória é um fenômeno que atua dentro do nosso corpo e que dá uma sensação de balanço. A respiração gera uma série de ondas dentro de nosso corpo que tendem a proporcionar aquela mesma sensação de balanço que nosso inconsciente conhece desde a mais tenra infância.

Feche os olhos e respire profundamente. **Respire pela barriga**, ou seja, infle a barriga na inspiração e expire encolhendo a barriga. Você pode praticar a respiração abdominal de 2 a 3 minutos.

➨ Você notou uma sensação de calma? Você acabou de perceber que é possível ser balançado(a) por sua própria respiração.

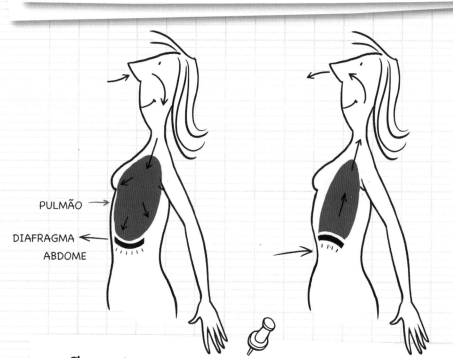

PULMÃO
DIAFRAGMA
ABDOME

Se quiser que uma criança adormeça, o balanço deve ser lento. Portanto, sugerimos que você dê um ritmo diferente à sua respiração abdominal para induzir a hipnose!

Técnica de respiração abdominal

Inspire pela barriga, **contando mentalmente até 4 durante a inspiração e até 8 para a expiração.** Este é um exemplo, não há necessidade de se esforçar para fazer a hipnose. Você pode contar um pouco menos ou até muito mais se tiver mais capacidade respiratória. O essencial neste exercício é apenas dar um ritmo mais lento à sua respiração e também à sua frequência cardíaca. Experimente este exercício por alguns minutos!

O que acontece durante a respiração abdominal? Em primeiro lugar, ela permite que os pulmões armazenem mais oxigênio, uma vez que o diafragma fica mais baixo do que na respiração torácica. Além disso, a respiração em retângulo, que consiste em uma expiração com o dobro do tempo da inspiração, ajuda a instaurar uma sensação de calma e de quietude. Isso se explica por um fenômeno fisiológico: há uma maior quantidade de oxigênio circulando no sangue, o que desacelera o ritmo cardíaco e traz mais relaxamento ao corpo.

A indução com focalização em um ponto fixo
Para induzir a hipnose, também podemos fixar atentamente um ponto fixo e tornar a visão turva.

Escolha um ponto no qual você possa fixar atentamente o olhar, sem piscar os olhos e sem ampliar seu campo de visão. Assim que **fixar esse ponto**, certamente sua **visão ficará turva, os olhos começarão a chorar ou a coçar**. Assim que sentir que seus olhos começam a piscar, **deixe-os se fechar...**

A mão que se aproxima do rosto

A indução da mão se aproximando do rosto associa a fixação de um ponto fixo e o fenômeno dos dedos que se aproximam

Para induzir a hipnose pela **"mão que se aproxima"**, posicione-se como na ilustração abaixo. A mão está a cerca de 10cm do seu rosto.
Agora, **fixe um ponto** na palma da sua mão e **imagine que essa mão e essa testa são como dois ímãs, que se atraem cada vez mais**. Repita essa frase mentalmente e diga a si mesmo que, quando esta mão tocar sua testa, você poderá entrar em hipnose.
Além disso, **quando a mão tocar a testa, feche os olhos e não faça nada.**

Aceitar e focalizar

Também podemos prestar atenção a quatro de nossos sentidos para aceder a uma percepção generalizada na auto-hipnose.

Mantenha os olhos abertos.

Olhe à sua frente e diga em voz alta cinco coisas que se apresentam diante de você. A cada vez, complete com a seguinte frase "e eu a aceito". Assim: "Vejo o céu azul e o aceito".

Depois de fazer este exercício, faça a mesma coisa com o que você ouve, depois com os odores que você sente e finalmente com as sensações do seu corpo, respectivamente também cinco vezes. Depois de enumerar essas 20 frases mentalmente, refaça a mesma coisa, mas 4, depois 3, depois 2, depois 1 vez.

Caso não tenha conseguido completar as 60 sentenças é porque entrou em auto-hipnose. Aceitar o que nossos sentidos têm a nos oferecer no momento presente nos encaixa perfeitamente nesse momento e nos distrai de nossas percepções restritas.

Privilegiar uma técnica de indução

Agora sugerimos que você teste as induções que acabamos de descrever e as pratique. Escolha aquela que melhor se adapta a você e desenvolva sua capacidade de induzir conscientemente sua própria hipnose. Assim que conseguir, continue lendo este livro para avançar ainda mais em seu aprendizado.

Qual indução você privilegiou?
Descreva no quadro sua experiência e as sensações que você experimentou durante esse exercício.

O aprofundamento

Como já descrevemos, o aprofundamento é uma fase importante da trama hipnótica. Para aprofundar a auto-hipnose, você pode usar o exercício da gaiola da escada da página 21 ou este outro exercício!

Segunda técnica de aprofundamento da hipnose

Feche os olhos e respire profundamente pela barriga. Tente imaginar que a cada expiração bolhas de CO_2 escapam das narinas ou da boca. Imagine que essas bolhas se associam umas às outras e formam uma espécie de balão muito leve, como um balão de ar quente. Agora imagine que na ponta desse balão há um barbante e tente pegá-lo. Agora imagine que **sua expiração faz com que o balão suba progressivamente** e atrai sua mão, seu corpo. **Imagine-se subindo pelo céu,** atraído(a) por este balão. **Você se torna leve, muito leve.** Quanto mais alto você sobe no céu, mais o ar, o oxigênio vem para aumentar o seu relaxamento.

O trabalho hipnótico

É essencial definir claramente o objetivo que você deseja alcançar.

Na prática

Para "gerenciar seu estresse", o paciente pode desejar diminuir a intensidade do estresse. Antes de querer diminuí-lo, é melhor defini-lo.

Qual o nível do seu estresse neste momento? Em que nível de estresse você gostaria de estar? Sugira situar o nível de estresse atual e o objetivo a ser alcançado em um termômetro imaginário de 10 níveis (0 sendo muito relaxado e 10 muito estressado).

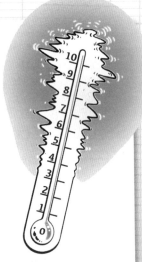

É importante definir um objetivo SMARTER.
- S de específico: a especificidade do objetivo deve ser claramente definida.
- M de mensurável: deve ser mensurável por indicadores bem precisos.
- A de aceitável: deve ser baseado na motivação da pessoa.
- R de realizável: deve estar relacionado à pessoa e não a outra pessoa.
- T de temporalmente definido.
- E de estimável: deve ser possível estimar em que ponto se está neste objetivo, portanto nada subjetivo!
- R de poder ser estimado.

Anote as diferentes dificuldades que você gostaria de melhorar com a hipnose. **É importante definir um objetivo SMARTER.**
Para cada dificuldade, escreva um número que corresponda ao grau de importância do seu problema:
0 = ausência do problema e 10 = problema muito importante.

Anote seu objetivo	Grau de importância

Depois de definir seu objetivo, você pode, durante o trabalho hipnótico, imaginar o problema resolvido. Para visualizar perfeitamente a situação, não se esqueça de usar sua criatividade. Em seguida, é útil avaliar a eficácia do trabalho. Com base em sua subjetividade, você pode sentir perfeitamente a melhora do problema e objetivá-la por meio de um termômetro imaginário.

Você pode anotar no quadro as diferentes dificuldades que tentou melhorar com a hipnose. Para cada dificuldade, anote um número que corresponda ao grau de importância do seu problema após o exercício de auto-hipnose,
0 = ausência do problema e 10 = problema muito importante.

Anote seu objetivo	Grau de importância

Experimentar a hipnose

Você já adquiriu o básico necessário para praticar a auto-hipnose. Integrou-se às etapas da trama da auto-hipnose, está pronto(a) para praticar. Por meio de diferentes exercícios, propomos que continue seu aprendizado.

Relação entre a cabeça e o corpo

Para compreender o que é o sofrimento físico ou emocional em termos hipnóticos, devemos nos referir às concepções filosóficas segundo as quais a cabeça e o corpo estão separados. Devemos acreditar que a cabeça está no controle e o corpo está apenas se submetendo? Por que devemos separar essas duas entidades? **Na verdade, o objetivo da hipnose é associar novamente e reconciliar corpo e espírito.**

Imagine por um momento que o corpo é como um **bebê**. Enquanto ainda não adquiriu a linguagem, quando o bebê quer nos passar uma mensagem, ele começa a chorar. Se o pai não responder rápido o suficiente, o bebê vai aumentar a intensidade do choro, às vezes gritando tão alto que ao pai só resta reagir.

O mesmo é verdade para a dor. Quando a cabeça não presta atenção suficiente ao corpo, este produz sintomas. E é porque a cabeça está muito preocupada em ruminar e em continuar a negar os chamados do corpo que este intensificará os sintomas até o momento em que se tornem intoleráveis. O sofrimento psicológico também deve ser considerado como uma dor; ele se expressa por sintomas corporais na maioria dos casos. Quando você está estressad(a), o que acontece? Seu coração dispara, sua respiração é interrompida, seus músculos ficam tensos, seu estômago dói.

Você tem uma sensação desagradável no momento? Se sim, feche os olhos e preste uma especial atenção à parte do corpo que está expressando essa dificuldade. Então, espere a sensação passar, sem fazer nada!

Este exercício não é fácil de realizar. Com uma prática regular você conseguirá mais facilmente sentir seu corpo e corrigir o problema sem fazer nada! Para ajudá-lo(a) nesses exercícios sugerimos algumas técnicas que se referem a essa dinâmica cabeça-corpo.

Não pensar

Uma pessoa ansiosa geralmente exibe um comportamento de ruminação do qual deseja se livrar. No entanto, é possível diminuir nossos pensamentos negativos? É possível não pensar?

Pegue um despertador
e o programe para tocar dentro de 5 minutos. Durante esse tempo, **feche os olhos e não pense em nada.**

Na verdade, é impossível não pensar. Nosso cérebro continua trabalhando, mesmo quando exigimos que ele pare. Ele funciona como um computador: mesmo em modo de espera, continua trabalhando.

Os pacientes que apresentam uma sintomatologia de ansiedade funcionam muito particularmente dessa maneira. Quando tentam não pensar, o objeto de sua ansiedade surge incontrolavelmente.

O elefante
Prepare o despertador para tocar dentro de 5 minutos e feche os olhos. Agora, **você não pensa em nada, e principalmente não em um elefante**

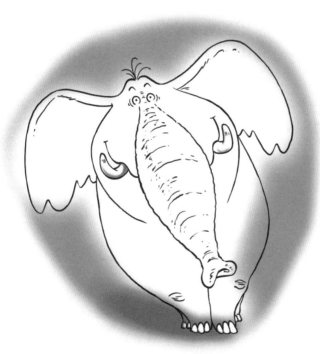

➡ *É bom saber!* A maioria das pessoas vê o elefante. O fóbico que não deseja pensar no objeto de sua ansiedade, assim como para o elefante, na realidade só pensa nesse objeto!

Prestando atenção ao corpo

É impossível não pensar como você acabou de experimentar! Na hipnose, praticamos a distração para que a pessoa não pense no objeto de seu sofrimento. Para se distrair dos seus pensamentos, concentre-se apenas no seu corpo!

Feche os olhos e preste atenção aos batimentos de seu coração por alguns minutos.

Normalmente, não prestamos atenção aos batimentos do nosso coração. Ele bate sem nosso controle consciente! Quando prestamos atenção aos nossos batimentos cardíacos, eles parecem ser mais fortes. Nesse caso, você simplesmente está mais atento ao batimento de seu coração

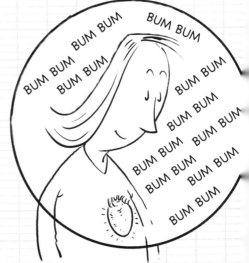

e se isola dos ruídos externos. Por outro lado, as pessoas que se focalizam no corpo não pensam.

Agora, propomos que você faça sua primeira experiência de hipnose simplesmente observando como seu corpo funciona.

Focalize no seu corpo

Feche os olhos e respire pela barriga, como fez antes. Quando estiver suficientemente relaxado(a) por essa indução respiratória, **simplesmente encontre a parte do corpo que parece estar mais relaxada.** Quando a encontrar, observe primeiro esse relaxamento; em seguida, observe-o se deslocando pelo corpo até que este esteja completamente relaxado, agradavelmente.

Reconciliar o corpo e o espírito não significa deixar um ter o poder sobre o outro, mas sim encontrar um equilíbrio... como em um casamento! Reconcilie-se com o seu corpo e, assim, mobilizará os recursos que lhe permitirão atingir o seu objetivo.

Não fazer nada

Para este outro exercício, sugerimos que você experimente NÃO FAZER NADA!

Não fazer nada

 Programa um despertador para daqui 10 minutos. Em seguida, feche os olhos e dê um passeio interiormente para onde quiser. **Não faça nada...** Você não precisa se esforçar para descontrair, para relaxar.

Ao não fazer nada, você se conscientiza da economia de energia realizada ao não procurar se relaxar ou se descontrair. Se sentir algo incômodo em seu corpo... **não faça nada**. Você não faz nada além de identificá-los... mas sobretudo **não faça nada** para eliminá-los. É um pouco como quando você está dormindo. Ao dormir, você acumula a energia que estará disponível quando precisar. É também por essa razão que você pode **não fazer nada** ao passo que seus sentidos continuam lhe fornecendo informações sobre o que está ao seu redor. Os sons, os odores, o sentido do tato, o paladar talvez... Você percebe que mesmo quando não faz nada, seus sentidos lhe dão informações.

➡ **Dica de leitura:** para entender melhor o "não fazer nada", recomendamos consultar a obra de Gaston Brosseau[3] que é hipnoterapeuta em Quebec.

Nota
[3] - Veja seu site, http://www.gastonbrosseau.com

Pensar em algo agradável

O lugar agradável ou seguro é amplamente utilizado no acompanhamento hipnótico. Podemos deixar nosso espírito vagar em um lugar agradável. Ao imaginar esse lugar, o indivíduo fica relaxado e se sente seguro.

É então possível para ele realizar um trabalho terapêutico que facilitará o alcance do objetivo.

Descubra o seu lugar seguro

Não faça nada. Você pode deixar que imagens, lembranças de um momento/lugar agradável venham à sua mente. Mas sobretudo não tente se lembrar. Você só tem de **deixar essa imagem vir à sua mente...** um pouco como se folheasse as páginas de um álbum de fotos e de repente uma imagem chamasse sua atenção. Assim que tiver essa imagem em mente, escreva o lugar que acabou de descobrir e/ou desenhe-o. Este é o seu lugar de segurança.

Depois de descobrir esse lugar, é útil que você esteja ainda mais presente ali.

Estar em hipnose consiste sobretudo em vivenciar a situação como se você estivesse lá.

Quando assiste a um filme triste, você pode sentir tristeza, as lágrimas podem até começar a escorrer.

Nesse caso, você está vivenciando a cena que está passando na televisão, está hipnotizado(a) pela sua televisão que, aliás, é uma excelente hipnotizadora. Basta observar as crianças assistindo seus desenhos animados!

Sugerimos que você mobilize seus sentidos fazendo o seguinte exercício.

Experimentar sensações em seu lugar seguro

Retorne a esse lugar agradável. Assim que estiver lá, vire-se e veja o que há para **olhar**... à direita, à esquerda, em frente, atrás. Visite esse lugar com sua visão.

Também podemos **descobrir um lugar pelos sons**. Preste atenção nos sons, na musicalidade do lugar. Talvez você esteja aí sozinho(a)? Ouça o silêncio. Talvez você esteja acompanhado(a)? Ouça o que as pessoas lhe dizem... de agradável.

Também podemos **visitar um local pelos odores**. Sinta o que há para cheirar. Respire os perfumes desse lugar agradável... ou qualquer outra coisa.

Você também pode **sentir esse lugar**. Talvez esse lugar seja mais fresco, talvez mais quente... certamente mais agradável.

Diga a si mesmo que, quanto mais você está nesse lugar, menos pode ouvir, cheirar e/ou sentir o cômodo em que está. Olhe para esse lugar com os olhos da sua mente!

46

Você já fez a experiência do lugar seguro, experiência que certamente ativou seus vários sentidos. Isso é chamado de VACOG.

O VACOG

O VACOG refere-se aos cinco sentidos (visual, auditivo, cinestésico, olfativo e gustativo) que permitem que nos relacionemos com nosso ambiente. Este conceito é usado pela Programação Neurolinguística (PNL), que afirma que cada indivíduo favoreceria um ou dois de seus sentidos em vez dos outros. Na hipnose, também usamos esse conceito para permitir estar mais presente na cena que foi sugerida.

É por esta razão que, quando você está nesse lugar seguro, nós sugerimos sensibilizar os cinco sentidos na medida do possível. Para estar mais presente no seu lugar agradável, é útil ver o que está ao seu redor, ouvir a atmosfera sonora do lugar, sentir os odores, sentir a temperatura e, se a ocasião permitir, provar os sabores do que você está comendo. Quanto mais seus sentidos forem sensíveis ao lugar, mais você estará no lugar! A partir das teorias da PNL, também é possível que um sentido seja mais privilegiado dependendo de suas afinidades.
Por exemplo, um músico será mais sensível à audição; um fotógrafo, aos detalhes das imagens que ele percebe.

Qual sentido você privilegia?

1. **Você encontra alguém pela primeira vez. O que você observa nessa pessoa em primeiro lugar?**
a. A maneira como está vestida.
b. O som da voz e o que ela lhe disse.
c. A sensação de ter tido um bom contato com ela.
2. **Qual atividade você prefere?**
a. Ler um livro.
b. Ouvir música.
c. Desenhar.
3. **Pense em um pintinho. O que vem à sua mente?**
a. Sua cor.
b. Seu pio.
c. Sua maciez.
4. **Quando é mais fácil saber de cor?**
a. Quando você lê.
b. Quando ouve uma música.
c. Quando aprende passos de dança ou movimentos de esporte.
5. **Se você deve pensar em ondas, o que vem à sua mente?**
a. O mar azul.
b. O som das ondas.
c. A suavidade da água em seu corpo.
6. **O que você diz com mais frequência?**
a. "Vejo o que quer dizer."
b. "Entendo o que está me dizendo."
c. "Sinto que você está certo."
7. **Imagine-se em uma noitada com amigos. O que vem à sua mente?**
a. Você vê a noitada como na televisão.
b. Você ouve as discussões durante essa noitada.
c. Você sente o relaxamento e o prazer de estar nessa noitada.

8. O que é importante para você em um quarto?
a. A decoração.
b. A calma.
c. O conforto.
9. Quando alguém lhe conta uma história, o que acontece?
a. Você imagina a história como um filme.
b. Você gosta que a contem com mudanças de voz.
c. Você sente as emoções e se coloca no lugar do personagem principal.
10. Imagine-se em uma temporada na praia. O que vem à sua mente?
a. A paisagem.
b. O grito das gaivotas.
c. O calor da areia e/ou o frescor da água.

Uma maioria de a = você é um visual. Para se lembrar de algo, você deve visualizá-lo como em um filme ou desenhar um diagrama.
Uma maioria de b = você é um auditivo. Quando aprende algo, você precisa ler em voz alta ou pedir que alguém leia.
Uma maioria de c = você é cinestésico. Precisa se mover, desenhar, colocar seu corpo em movimento para reter alguma coisa.
A mesma quantidade de a, b e c = você está equilibrado no nível de suas sensações.

Verifique o resultado do seu teste observando abaixo quais sentidos foram mais sensibilizados durante o exercício do lugar seguro.

Os fenômenos hipnóticos

**Na hipnose, é possível mobilizar vários fenômenos para tratar o sofrimento do paciente.
Esses fenômenos também são usados para reforçar a hipnose na medida em que permitem que a pessoa hipnotizada se dê conta do deixar ir que o exercício hipnótico permite.
Abaixo, descreveremos os principais fenômenos hipnóticos.**

➜ **A catalepsia** é uma rigidez muscular e a **levitação** uma sensação de leveza em um membro. Essas duas reações são puramente corporais e sustentam a autonomia do corpo em relação à consciência. Na hipnose, é possível paralisar um membro para uma cirurgia, ou torná-lo leve para chamar atenção do paciente sobre um relaxamento muscular. Esses fenômenos podem ser perfeitamente integrados às terapias.

➡️ **A distorção do tempo** é uma modificação espontânea ou provocada da percepção subjetiva do transcorrer do tempo. Pode ser usada para fazer o indivíduo sob hipnose viajar ao seu passado. Neste caso também é possível **transformar em amnésia** (fazer esquecer) ou permitir uma **hipermnésia**

(facilitar a lembrança) de momentos vividos pelo paciente.

➡️ **A sinalização** é uma técnica de calibração de comunicação inconsciente. É possível conversar com a pessoa hipnotizada permitindo que um dedo se levante por conta própria em resposta a uma pergunta do hipnotizador.

➜ **As alucinações**

são distorções da realidade percebidas por um ou por todos os sentidos. Ao mobilizar o VACOG, podemos facilitar essas alucinações e permitir que a pessoa experimente intensamente a situação hipnótica. Os pacientes vivem essas alucinações na hipnose terapêutica como se estivessem sonhando.

Separe um bom tempo para fazer este exercício de auto-hipnose.

Um fenômeno hipnótico não ocorre em segundos. É necessário algum tempo. Além disso, no começo, esse fenômeno será leve. Você precisará praticar para torná-lo mais forte. Sugerimos que você teste uma levitação da mão.

Feche os olhos e respire profundamente pela barriga. Depois de algumas respirações profundas, escolha qual das duas mãos é a mais leve. Assim que se concentrou nessa mão, **imagine que ela é leve**. Um pouco como **se essa mão fosse um balão de ar quente** e que aos poucos foi se enchendo de gás e começando a subir.

Procure leveza. A leveza de um dedo para começar. Talvez o polegar, talvez o dedo indicador ou outro dedo! **Sinta esse dedo muito leve.** Sinta esse dedo começando a se mover. Preste atenção nesse dedo que sobe gradualmente e que gradualmente atrai o resto da mão. **Talvez sinta o punho subir aos poucos...** depois o resto do braço! Então essa mão sobe... esse balão de ar quente sobe.

> Então essa mão sobe...
> esse balão de ar quente sobe.

O deixar ir

Uma pessoa ansiosa não consegue controlar a origem de sua ansiedade ou de suas emoções. É por essa razão que em hipnose propomos não fazer nada. Praticando regularmente a hipnose você vai constatar que é capaz de deixar ir.

Teste o deixar ir

Pegue uma caneta e segure-a com a ponta dos dedos como na ilustração abaixo. Estenda o braço e feche os olhos. Uma vez nesta posição, imagine que **você deseja se livrar de todos os seus problemas**, que estão materializados na caneta.
Sem fazê-lo conscientemente, **deixe pouco a pouco essa caneta escorregar de seus dedos e ir!**

➡ Com a prática, você deixará essa caneta deslizar mais rápido e será menos influenciado(a) por suas emoções negativas. Quando alcançar o deixar ir, você não conseguirá mais se agarrar às suas dificuldades, estas irão escorregar e você poderá viver melhor o momento presente!

A globalidade

Na auto-hipnose, você pode recuperar a integridade e o equilíbrio. Este exercício complementa o exercício anterior e facilita o deixar ir.

Teste o deixar ir

Feche os olhos e respire profundamente como você já sabe fazer. Após essa rápida indução, você pode se imaginar fisicamente como é.

Imagine que é como um canivete suíço com múltiplas funções. Ou seja, cada parte do seu corpo, na percepção que tem agora de si mesmo(a), representa cada função, cada tarefa que você tem de fazer todos os dias. Sim, essas mesmas tarefas que fazem de você alguém que deve se dispersar continuamente. Assim que conseguir **imaginar seu corpo dividido**, como esse canivete suíço, você pode então sentir essa desarmonia, essa falta de equilíbrio.

Diga a si mesmo(a) que você pode reencontrar essa harmonia, essa globalidade. **Deixe essas diferentes partes do seu corpo se RELIGAREM, se REASSOCIAREM. Sem fazer nada, apenas deixe acontecer.** Isso pode ser feito lenta ou muito rapidamente. Pouco importa. Quando perceber que **as partes do seu corpo estão perfeitamente religadas,** que **você recuperou sua globalidade e harmonia,** o exercício estará terminado, você poderá então abrir os olhos!

O interruptor

As sugestões pós-hipnóticas permitem ativar as sugestões de mudança após a sessão de hipnose.
Portanto, é possível reativar uma sensação de bem-estar graças ao uso de um "interruptor".
Na auto-hipnose você também pode reativar um relaxamento que descobriu, por exemplo, em seu lugar agradável.

Sugestões pós-hipnóticas

Feche os olhos e vá para o seu lugar seguro. Para alcançá-lo novamente, siga as diferentes etapas que descrevemos anteriormente.
Assim que estiver lá, depois de ter sensibilizado seus diferentes sentidos (VACOG), escolha um gesto, uma frase dependendo se você for respectivamente mais cinestésico ou mais auditivo. Depois de ter escolhido um gesto ou uma frase curta (ou mesmo uma palavra), você pode repetir pelo menos de três a quatro vezes mentalmente: "A próxima vez que eu fizer este gesto (ou disser esta palavra), será um sinal ao meu inconsciente para encontrar mais rapidamente este lugar agradável e a harmonia".

Este exercício pode ser repetido ao final de cada exercício de auto-hipnose para associar esse gesto ou essa frase ao lugar agradável e à harmonia. É útil conectar o interruptor à fonte de bem-estar!

➜ Com a ajuda desse interruptor hipnótico, da próxima vez você será capaz de reativar uma sensação de bem-estar quando for necessário. Por exemplo, antes de um exame, basta fazer esse gesto ou repetir essa frase várias vezes para recuperar aos poucos essa sensação de bem-estar. Esta técnica pode ser eficaz, desde que você a registre em seu inconsciente e repita regularmente esse exercício que relaciona o interruptor e o bem-estar.

Conclusão: pratique regularmente

À guisa de conclusão

Agora você está familiarizado(a) com a ferramenta hipnótica. Mas esse aprendizado é apenas o começo de uma longa jornada.

> **É essencial praticar.**
> **Aprender a correr não faz de você um maratonista.**
> **Para conseguir participar de uma maratona, é importante treinar regularmente.**

A prática diária de exercícios de auto-hipnose permitirá, portanto, que você desenvolva suas habilidades, assim como nosso corredor que treina regularmente. Depois de um bom treino você poderá praticar a auto-hipnose, que o ajudará a superar algumas de suas dificuldades.

Portanto, aproveite o momento presente, mude suas percepções e tome consciência de cada reação de relaxamento de seu corpo.

Você não precisa forçar seu corpo a funcionar como você bem entender, mas sim deixar que ele o guie e resolva seu problema sem fazer nada. A partir de hoje, confie no seu corpo, ele está cheio de recursos!

➥ Programe desde agora, ao longo das semanas, certos momentos de auto-hipnose. Bastam alguns minutos de prática para desenvolver essa habilidade. Na agenda da próxima página, **reserve certos momentos para não fazer nada**!

Segunda	Terça	Quarta	Quinta	Sexta	Sábado	Domingo
8h	8h	8h	8h	8h	8h	8h
9h	9h	9h	9h	9h	9h	9h
10h	10h	10h	10h	10h	10h	10h
11h	11h	11h	11h	11h	11h	11h
12h	12h	12h	12h	12h	12h	12h
13h	13h	13h	13h	13h	13h	13h
14h	14h	14h	14h	14h	14h	14h
15h	15h	15h	15h	15h	15h	15h
16h	16h	16h	16h	16h	16h	16h
17h	17h	17h	17h	17h	17h	17h
18h	18h	18h	18h	18h	18h	18h
19h	19h	19h	19h	19h	19h	19h
20h	20h	20h	20h	20h	20h	20h
21h	21h	21h	21h	21h	21h	21h
22h	22h	22h	22h	22h	22h	22h
23h	23h	23h	23h	23h	23h	23h

Referências

Jean-Marc Benhaiem, L'hypnose qui soigne, Josette Lyon, 2006.

Gaston Brosseau, L'hypnose, une réinitialisation de nos cinq sens, InterÉditions, 2012.

Milton Erickson, Ma voix t'accompagnera, Milton H. Erickson raconte, Hommes et groupe, 1998.

Marie-Elisabeth Faymonville, Steven Laureys, et al, Neural mechanisms of antinociceptive effects of hypnosis, Anesthesiology, maio 2000, vol. 92, p. 1.257-1.267.

O. Lockert, Hypnose, Évolution, qualité de vie, santé, IFHE Editions, 2013.

Dominique Megglé, Les thérapies brèves, Presses de la Renaissance, 2002.

David Ogez, Fabienne Roelants, Christine Watremez, L'hypnose médicale: un plus dans l'accompagnement du patient porteur d'un cancer, Satas, 2016.

Pierre Rainville, Gary Duncan, Donald Price, Pain affect encoded in human anterior cingulated but not somatosensory cortex, Science, agosto de 1997, n. 277, p. 968-971.

François Roustang, Qu'est-ce que l'hypnose, Éditions de minuit, 2002.

Coleção Praticando o Bem-estar
Selecione sua próxima leitura

- [ ] Caderno de exercícios para aprender a ser feliz
- [ ] Caderno de exercícios para saber desapegar-se
- [ ] Caderno de exercícios para aumentar a autoestima
- [ ] Caderno de exercícios para superar as crises
- [ ] Caderno de exercícios para descobrir os seus talentos ocultos
- [ ] Caderno de exercícios de meditação no cotidiano
- [ ] Caderno de exercícios para ficar zen em um mundo agitado
- [ ] Caderno de exercícios de inteligência emocional
- [ ] Caderno de exercícios para cuidar de si mesmo
- [ ] Caderno de exercícios para cultivar a alegria de viver no cotidiano
- [ ] Caderno de exercícios e dicas para fazer amigos e ampliar suas relações
- [ ] Caderno de exercícios para desacelerar quando tudo vai rápido demais
- [ ] Caderno de exercícios para aprender a amar-se, amar e - por que não? - ser amad(a)
- [ ] Caderno de exercícios para ousar realizar seus sonhos
- [ ] Caderno de exercícios para saber maravilhar-se
- [ ] Caderno de exercícios para ver tudo cor-de-rosa
- [ ] Caderno de exercícios para se afirmar e - enfim - ousar dizer não
- [ ] Caderno de exercícios para viver sua raiva de forma positiva
- [ ] Caderno de exercícios para se desvencilhar de tudo o que é inútil
- [ ] Caderno de exercícios de simplicidade feliz
- [ ] Caderno de exercícios para viver livre e parar de se culpar
- [ ] Caderno de exercícios dos fabulosos poderes da generosidade
- [ ] Caderno de exercícios para aceitar seu próprio corpo
- [ ] Caderno de exercícios de gratidão
- [ ] Caderno de exercícios para evoluir graças às pessoas difíceis
- [ ] Caderno de exercícios de atenção plena
- [ ] Caderno de exercícios para fazer casais felizes
- [ ] Caderno de exercícios para aliviar as feridas do coração
- [ ] Caderno de exercícios de comunicação não verbal
- [ ] Caderno de exercícios para se organizar melhor e viver sem estresse
- [ ] Caderno de exercícios de eficácia pessoal
- [ ] Caderno de exercícios para ousar mudar a sua vida
- [ ] Caderno de exercícios para praticar a lei da atração
- [ ] Caderno de exercícios para gestão de conflitos
- [ ] Caderno de exercícios do perdão segundo o Ho'oponopono
- [ ] Caderno de exercícios para atrair felicidade e sucesso
- [ ] Caderno de exercícios de Psicologia Positiva
- [ ] Caderno de exercícios de Comunicação Não Violenta
- [ ] Caderno de exercícios para se libertar de seus medos
- [ ] Caderno de exercícios de gentileza
- [ ] Caderno de exercícios de Comunicação Não Violenta com as crianças
- [ ] Caderno de exercícios de espiritualidade simples como uma xícara de chá
- [ ] Caderno de exercícios para praticar o Ho'oponopono
- [ ] Caderno de exercícios para convencer facilmente em qualquer situação
- [ ] Caderno de exercícios de arteterapia
- [ ] Caderno de exercícios para se libertar das relações tóxicas
- [ ] Caderno de exercícios para se proteger do Burnout graças à Comunicação Não Violenta
- [ ] Caderno de exercícios de escuta profunda de si
- [ ] Caderno de exercícios para desenvolver uma mentalidade de ganhador
- [ ] Caderno de exercícios para ser sexy, zen e feliz
- [ ] Caderno de exercícios para identificar as feridas do coração
- [ ] Caderno de exercícios de hipnose